CW00486197

che nonostante la difficoltà nel

ricordare degli episodi molto

dolorosi da raccontare, ha voluto

farlo per permettermi di scrivere ciò

che ho di seguito scritto, nel

raccontare il suo dolore di madre, di

moglie, di figlia e di donna, ognuna

di noi si ritrova in almeno una di

queste figure, grazie.

Ketty Zambuto Sitra

In collaborazione con Angela Mazza

PURO AMORE

premessa

Ho conosciuto Angela sulle panche
della chiesa nella zona in cui abitiamo,
lei era in attesa di Matteo, il terzo figlio
e i nostri figli maggiori cominciavano la
loro formazione religiosa con
l'iscrizione al catechismo per ricevere i
Santi sacramenti.

Era seduta in attesa di parlare con il
parroco, come me, aveva l'aria
pensierosa, carica di emozioni
contrastanti, triste e allegra allo stesso
tempo, arrabbiata ma con tratti di

felicità che trasparivano dai suoi

atteggiamenti.

La osservai, la studiai e poi, come è mia

indole, cominciai a parlarle,

chiedendole della sua gravidanza.

Da quella breve conversazione capii che

era combattuta dal fatto che aspettava

il terzo maschietto e che non era stato

programmato.

Io, dal canto mio, le espressi la mia

esuberanza per lo stato di attesa di una

nuova vita, che era ed è sempre un

dono speciale per una donna, diventare
mamma.

Mi guardò quasi con compassione,

come se avessi una rotella fuori posto,

concluse il nostro piccolo dialogo

l'arrivo del parroco.

Eravamo comunque destinate a

incontrarsi nuovamente.

Sommario

Talvolta quando ho bisogno di un
miracolo, guardo gli occhi di mio figlio
e mi rendo conto di averne già creato
uno.

La vita non sempre è giusta, ma la tua
mamma e il tuo papà saranno sempre al
tuo fianco mentre percorri le strade
della vita.

A mio figlio Matteo Pio.   Angela

7

Una storia vera, dal racconto di Angela

Mazza (mamma di Matteo Pio)

E' maggio già da qualche giorno, l'aria oggi è
fresca, e il vento leggero agita le fronde degli
alberi spostandoli un po' a dritta e un po' a
manca, rapiscono il mio sguardo e la mia
mente, mi incantano queste piccole foglie in
balia di qualcosa più grande di loro, il vento,
io mi sento un po' come loro, agitata,
sbatacchiata, impotente e impaziente, le
piccole gemme dei nuovi fiori rapiscono e
colmano i miei occhi di meraviglia e di
stupore, tanto piccole ma anche forti,
resistono ai capricci delle stagioni e ai colpi di
coda dell'inverno appena trascorso,
riempiono i miei polmoni di un profumo
inebriante che grida alla rinascita della natura

e preclude un tripudio di colori e odori di lì a qualche giorno, la natura e la vita hanno sempre avuto questo potere in me, rapire i miei pensieri e portarmi su un'altra dimensione, un posto tutto mio dove posso liberarmi dei macigni che opprimono il mio cuore, la mia anima e la mia esistenza.

Sola, si ecco, sola soprattutto mi sento sola,

seduta su una panchina in legno che, per

carità, non è neanche tanto scomoda, ma a

me sembra che sia fatta di rovi, brucia sotto

di me, vorrei essere altrove, chissà dove, io

stessa non saprei dirlo, ma il mio cuore e la

mia anima sembrano come anestetizzati,

inermi, passivi.

Innanzi a me un enorme cancello in ferro,

tanti alberi, un giardino intorno, delle

panchine accoglienti quasi calde, tutto

simula e trasmette pace, quiete, e lì proprio

in fondo al vialetto, un edificio enorme,

elegante, quasi austero.

Dal numero delle persone presenti in quel

giardino, sembra una di quelle domeniche
primaverili dove tutti si godono l'aria tiepida
e piacevole, il venticello che accarezza i
capelli, ovunque ragazzi e bambini
accompagnati dai propri genitori, li osservo a
lungo dalla mia panchina vorrei
ardentemente leggere sui loro visi la serenità,
la gaiezza e sorrisi di spensieratezza che quel
verde contesto emana, ma i loro visi
raccontano ben altro, ognuno la propria
storia, ognuno il proprio dolore.

Quella costruzione in fondo al viale è il
"Cardinal Ferrari", un rinomato centro
riabilitativo nelle vicinanze di Parma.

E il giardino non è proprio un parco

divertimenti, ma un modo per rendere più lieta l'attesa tra un percorso riabilitativo l'altro, per ricaricarsi e ricaricare, l'anima e il sorriso.

La curiosità mi travolge, allora mi faccio coraggio e timidamente chiedo ad un mamma che è accanto ad un ragazzetto "Ciao cosa è successo a tuo figlio?"

Dal rabbuiarsi degli occhi della ragazza capisco, sento la sua tristezza, sembra essere piombata all'improvviso dentro un baratro, ma è stato solo un attimo, un lampo che ho visto nei suoi occhi, poi ritrovano la vivacità che gli altri si aspettano di trovare, ritrovano il coraggio che ha imparato ad avere, la forza, la resistenza oltre ogni limite, la tenacia e l'amore di mamma, tantissimo e dolcissimo amore, e mi risponde con un sorriso.

"Dopo un incidente stradale, è stato in coma, ha subito varie operazioni, e ha riportato parecchi danni ma lottiamo ogni giorno".

Le sorrido e le stringo il braccio in segno di conforto, mi ringrazia e continua la sua passeggiata con il suo fiore prezioso accanto.

Un'altro ragazzo si avvicina in carrozzina, anche a lui chiedo cosa gli sia accaduto, mi risponde la mamma, un passetto dietro di lui, "durante un banale intervento, il suo cuore si è fermato, la mancanza di ossigeno al cervello in quei pochi minuti gli ha causato danni irreparabili" È stato un errore umano.

Mi guardo intorno, sono all'aperto ma io annaspo per cercare un pochino d'aria, respiro a fatica, sento gli occhi bruciare, le lacrime sono alla porta dei miei occhi le vorrei ricacciare dentro nel mare della mia anima ferita, ma sono già troppo in là e le lascio andare, sono sola e posso dare libero sfogo alla alle mie debolezze.

Ma come sono finita qui?

Sposto lo sguardo al cielo, sembra tutto così sereno, gli uccellini cinguettano, i grilli cantano e in lontananza sento la vita che scorre, non si cura di chi si è dovuto fermare, di chi sta, disperatamente, cercando una nuova via per continuare a vivere.

La mente mi riporta a percorrere e riflettere su tutta la mia vita...

Chi ero, chi sono e chi avrei voluto essere.

Sono Angela, anni 54, nata in una ridente cittadina del profondo sud che si affaccia sul mare africano, Porto Empedocle, oggi famosa in tutto il mondo con il nome di "Vigata" grazie alla sapiente penna del conterraneo scrittore Andrea Camilleri, qui infatti sono ambientate le vicende del suo "commissario Montalbano", e qui è dove ha trovato i Natali.

Quando ero poco più che ragazzina avevo un caratterino niente male, sembravo una bisbetica indomata perchè facevo e dicevo tutto quello che mi passava per la mente, i miei genitori non si spiegavano il motivo, ero la quarta di tre figli maschi e mi comportavo anch'io da maschio.

Non facevano altro che dirmi di trovare un bravo ragazzo nella speranza che mi facesse mettere la testa a posto, ma io pensavo solo a divertirmi, ballare in discoteca e stare con gli amici, a fare scherzi e a picchiare chi mi corteggiava, non avevo nè testa nè voglia di legarmi a qualcuno.

Un giorno però una mia cugina mi presentò un ragazzo, biondo, occhi nocciola, parlava poco con la bocca, ma i suoi occhi dicevano tanto, faceva il militare, era molto educato, serio, rispettoso dei ruoli e dei tempi, insomma l'esatto contrario di com'ero io, era l'estate del 1985.

Il giovane, Giuseppe, entrò a far parte della nostra comitiva, ma io cercavo di stargli il più lontano possibile, io che ero quella del tutto, veloce e subito, lui invece era il tipo che se ti doveva raccontare un fatto successo ieri, partiva dalla nascita dell'universo, eppure, dopo qualche settimana tra un discorso e una pizza, una chiacchierata e uno sguardo languido, un gelato e una passeggiata, si palesò interessato a me, ma ha dovuto dirmelo più volte, visto che io da quell'orecchio non sentivo o non lo volevo sentire, anzi avevo capito che gli piaceva mia cugina, invece poi...

Mi son detta, ma sì, proviamo, chissà come si sta da fidanzata, così la bisbetica è stata in parte domata, in parte, perché sono un po' come il lupo, che perde il pelo ma non il vizio, adesso son passati più di 30 anni e tra alti e bassi come succede a una qualsiasi altra coppia, noi siamo ancora insieme.

Così inizia la seconda parte della mia vita, quella che mi vede prima moglie e poi anche mamma, quella trasformazione che magicamente avviene in ogni donna, nel momento in cui sa di non essere più da sola.

Francesco

Il primo a darmi questa gioia è Francesco,
arriva esattamente dopo un anno dal
matrimonio, noi genitori felicissimi anche se
alle prime armi , genitori non si nasce ci si
diventa e si improvvisa, si cresce insieme al
frutto dell'amore, cercando di essere migliori
ogni giorno che passa, imparando dagli errori
e perdonando a vicenda, è questo quello che
ogni giorno cerchiamo di fare, mettendo al
primo posto la serenità e il benessere della
famiglia.

Dopo un difficile parto, aiutato dai dottori,
il nostro principino vede la luce i primi di
settembre del '94.

Ogni giorno il nostro Francesco era oggetto delle nostre attenzioni, facciamo un foto così e cosà, sorridi a mamma, guarda di qua... sembrava ogni giorno il backstage di uno studio fotografico e dopo, osservando bene le stampe delle sue foto, come a gustarmi quei momenti sorridendo, noto qualcosa in un occhio del mio piccolo ometto. Una puntina bianca quasi impercettibile, tutti mi prendevano per pazza, sembrava la vedessi solo io, ma un giorno dopo la mia insistenza, sotto un attento e scettico esame, lo nota anche mio marito, e da lì comincia il nostro girovagare per dottori, siamo stati ovunque, fino a quando un medico mi dice che mio figlio ha una cataratta dovuta allo sforzo del parto.

Doveva essere operato.

Un calvario tra intervento e convalescenza, perché Francesco aveva solo 3 anni e quando ogni giorno per un ora gli dovevo bendare l'occhio buono, chiamarlo per farlo girare e guardare ciò che gli mostravo, lui piangeva andando a sbattere dappertutto, potete solo immaginare la mia sofferenza di madre, sapevo che era per il suo bene, ma non potevo nascondere la mia angoscia, per il mio piccolo però solo sorrisi.

In quel periodo mio marito và a lavorare

fuori città, lasciandoci soli, io, Francesco e la

mia disperazione, certo ogni mese lui tornava

per qualche giorno ma per mio figlio era una

sofferenza, perché neanche il tempo di

gustarsi la sua presenza, i giochi con lui, le

sue carezze, le risate, la sua voce, il suo viso, i

suoi occhi pieni di amore e speranza,

momenti che per lui e il papà erano un dono

prezioso, ma quei giorni volavano e il papà

doveva di nuovo andar via.

Gianpaolo

Trascorrono quattro anni e la mia piccola famiglia si arricchisce di un'altra gioia, nasce Gianpaolo, un pacioccone con gli occhi grandi e dolci, certo Francesco avrebbe voluto una sorellina, e per fargli accettare che la cicogna aveva destinato a noi un maschietto, non fù cosa facile e abbiamo faticato un pochino, ma si sà i bambini sono così.

Tutto procede nella normalità di una famigliola felice, il papà è tornato a lavorare vicino casa, i degni eredi crescono tra uno starnuto e una febbre, un gioco insieme e un cazzotto, tra fratelli capita, passano così alcuni mesi, e poi la scoperta di una nuova gravidanza, non volevo crederci, non volevamo crederci, dalla nascita di Gianpaolo era passato poco più di un anno e non avevamo di certo l'intenzione di aumentare la consistenza demografica dell'Italia, anche se per dire il vero ce n'era proprio bisogno, ma noi credevamo di aver già dato il nostro contributo, ma tant'è così capitò.

Matteo

Quindi dopo lo smarrimento iniziale, il panico durante e la consapevolezza alla fine, prendiamo atto che bisognava cambiare auto famigliare.

La gravidanza trascorre normalmente, per così dire, tranne che per una ruzzolata di 10 metri a fine percorso gestazionale, ruzzolata che accelerò, ma già ero a termine, la nascita di Matteo.

Matteo, nome voluto da me e mio marito, abbiamo aggiunto "Pio" in onore del Santo monaco di Pietrelcina, con la preghiera che il suo cammino possa sempre essere sorvegliato e custodito e illuminato, il nome "Pio" l'ho

voluto aggiungere io perchè mentre

aspettavo Matteo, dopo la mia ruzzolata, con

escoriazioni al ginocchio e mal di schiena, ho

sognato il Santo monaco,

- io ero in riva al mare e lui avvicinandosi a

me, mi fece vedere le stimmate delle mani,

dicendomi, "ancora non hai visto niente".

Non sapevo ancora cosa mi riservasse il

futuro, ma lì per lì non diedi grande peso alla

cosa, sono credente ma per credere in sogni

premonitori bisogna conoscere bene la

scienza per poi illuminarsi su altre strade

possibili, e pensai che il Santo si riferisse

proprio ai dolori del parto, e anche adesso

non so che cosa aspettarmi dalla vita, una cosa è certa, cerco di assaporare e vivere ogni momento concentrandosi sul qui ed ora, del domani non v'è certezza.

Ora, dopo un intoppo con la placenta, rimasta nell'utero e rimossa una settimana dopo la nascita di Matteo, tutto poteva procedere verso una nuova vita a cinque, tra i compitini di Francesco, i giochi di Gianpaolo e le poppate di Matteo, una routine fatta di matite colorate, latte in polvere, intenso profumo di colonia, pannolini e bagnetti, ma proprio in uno di questi bagnetti mi accorgo di un rigonfiamento nella gambina di Gianpaolo.

Lo sgomento ci assale, che sarà mai???

Inizia una nuova trafila tra dottori e ospedali,
che ci misero davanti alla probabilità di un
intervento per la rimozione della ciste e
analisi della stessa, così fù.

E non fù per niente facile superare questa
cosa, sembrava che non era destino
potessimo stare tranquilli a godere della
compagnia e della gioia della famiglia.

L'esito arriva dopo varie vicissitudini, ma
almeno nulla di grave, grazie a Dio.

Francesco inizia la scuola dell'infanzia,
questo mi permette di conoscere e
confrontarmi con altre mamme, si instaura

un forte legame con alcune di esse, empatiche

e allegre con la voglia di stare insieme e

passare qualche pomeriggio tra compiti e

caffè, ci si conosce e si rafforzano i legami,

tanto che al passaggio alle elementari si

decide di iscrivere i bimbi nella stessa classe.

Ogni mattina per accompagnare Francesco e

Gianpaolo a scuola, la presenza di mio

suocero, che viveva nell'immobile sotto di

noi, era provvidenziale, perché io, avevo la

patente sì, ma non ero capace di guidare

un'auto.

Inizia la prima elementare Francesco e qui

altre nuove conoscenze, anche quelle che ti

vengono a cercare a casa, con in mano un

dolce, perché a detta di questa mamma, la socializzazione è tutto nella vita, io, che con tre figli le urla e i litigi erano ora si e adesso pure, volevo solo entrare in letargo, figuriamoci far saltare sul divano un bimbo in più.

Ma una volta davanti alla porta di casa, cosa facevo, le dicevo "no grazie, siamo asociali e preferiamo restare soli, che già siamo in tanti" e la rimandavo al mittente???

Grazie a Dio non lo feci, e lei entrò nella mia vita assumendo un ruolo importante, amica, consigliera, confidente, maestra di doposcuola per i miei figli, e anche autista.

Mio suocero purtroppo ci lasciò dopo poco tempo, e lei mi asciugò le lacrime e si mise a disposizione, e infine rendendomi libera insegnandomi con molta pazienza e determinazione, a guidare la mia auto.

Sembrava tutto girasse per il verso giusto, lasciavamo i bimbi a scuola e poi ci intrattenevamo ora a prendere un caffè, ora a fare ginnastica a casa mia, ora una passeggiata per lo shopping, insomma la normalità, quando una mattina Gianpaolo presenta nuovamente un rigonfiamento, ma stavolta sul collo e lamenta un grande fastidio.

Difficile per me spiegare le emozioni che

provai, chi è mamma le può capire, ma non fino in fondo perché ognuno di noi è fatto in modo diverso.

C'è la mamma obiettiva e rassicurante, quella preoccupata per tutto ma che prende in mano la situazione, quella paurosa e ossessiva che vede nero ovunque e poi ci sono io che mi sono affidata a San Calogero, supplicandolo di salvare il mio pezzo di cuore, dopo mi sono armata di coraggio e un sorriso e ho affrontato la situazione.

Ricovero all'ospedale dei bambini di Palermo, reparto oncologico, i bambini ricoverati lì sono pallidi, alcuni calvi, le occhiaie evidenti, sul viso e negli occhi delle madri il buio infinito e un sorriso per i loro cuccioli. Essere lì mi procurava proprio un dolore fisico e una paura mai provata, quella di non sapere cosa avesse Gianpaolo e se avesse fatto quella fine.

Dopo un'ennesima visita accurata, e diverse terapie più o meno forti, poi la decisione di asportare il nodulo di natura ignota delineando una prospettiva di un operazione chirurgica invasiva, tanto invasiva, perchè operando, non sapevano cosa loro avessero potuto trovare.

Ho imparato, nel tempo, che i medici non ti regalano nessuna speranza invano, intanto ti mettono davanti al peggio, poi ogni buona nuova è ben accetta.

Nel frattempo Gianpaolo non stava per niente bene, aveva rush cutanei un po' ovunque, alle mani e ai piedi la pelle era quasi sparita ed erano sanguinanti, era dimagrito, le unghie nere, insomma cercavo disperata a chi e come potesse salvare mio figlio.

Non c'era altro da fare, si doveva operare, ma prima il medico volle fare ancora una visita, il chirurgo disse che la ciste in gola si stava riassorbendo e conveniva aspettare ancora qualche giorno e vedere cosa accadeva.

Ci parlarono molto bene dell'ospedale Gaslini a Genova, quindi armi e bagagli volammo lì, disperati nella speranza di risposte più concrete.

Ancora controlli ed esami ed esce fuori che Gianpaolo aveva avuto una malattia autoimmune molto aggressiva, la Kavasaki, una rarissima malattia che avrebbe potuto lasciare strascichi e complicazioni al cuore ma che fortunatamente tutto ciò gli fù risparmiato, non era necessario operare, grazie a Dio.

Mi sentii miracolata e da quell'anno la mia promessa a **San Calogero** non mancava e continua a non mancare mai, panini benedetti per i più bisognosi di fede.

Donare panini per la festa di San Calogero è

una tradizione nel mio paese e anche nella città di Agrigento, questa tradizione è legata alla storia dell'eremita **"San Calò"** il Santo nero, per via delle sue origini native, venuto in Europa per evangelizzare le popolazioni, si offriva di portare mangiare, conforto e cure ai più bisognosi e malati, San Calò pellegrinava tra le case del paese per chiedere un tozzo di pane, in quell'epoca imperversava la peste e, pur di non rischiare il contaggio, perchè lui accudiva e curava gli appestati, la gente gli lanciava il pane dalle finestre, da qui la tradizione dei panini lanciati sulla statua mentre passa per le vie della città, simbolo di fede, carità e amore per il prossimo.

Ogni giorno, per noi, era una grazia, ho preso consapevolezza che la vita è preziosa sì, ma quella di un figlio lo è ancor di più, puoi essere coraggiosa per tutti, ma alla fine dentro hai il cuore e l'anima ridotti uno straccio, veder sorridere, correre, giocare e tirarsi i capelli dai miei bambini è la cosa più bella che da mamma posso desiderare, noi li guardiamo e li proteggiamo come fiori delicati in mezzo alla tempesta, la tempesta del vivere la vita.

I giorni passano frenetici, tre bambini non sono una cosa facile da gestire, la loro crescita era, veloce e piena di cose da fare, scuola, compiti, feste, merende, docce, vestiti da rammendare o da donare perchè ormai piccoli anche per il piccolo, cadute, ginocchia sbucciate e ossa rotte di gambe e braccia, insomma la normalità.

Peppe

Mio marito, non è di tante parole, come ho già detto, non si arrabbia quasi mai, quasi, e non si lamenta mai se non è veramente necessario, insomma farci preoccupare è l'ultimo dei suoi pensieri, lui vive nel suo mondo calmo come il mare d'estate che si specchia nel mio di mondo in perenne tempesta, evidentemente ci completiamo.

Vi voglio raccontare un episodio divertente che mi può aiutare a farvi comprendere meglio il suo carattere:

-Nella villetta dove abitiamo, fuori in giardino, c'erano dei gattini, e ci sono ancora per la verità, ma si mantengono lontano dalla casa visto che vive con noi un cockerino, i gattini ogni volta che entravamo e uscivamo da casa, tentavano di entrarvi, ebbene, un giorno mio marito dimenticò a casa i documenti e quindi, torna indietro a recuperarli lasciando però aperta la porta, in fondo si trattava di qualche secondo, giusto quelli che bastarono al piccolo animale per intrufolarsi a casa.

Lui lo vede e... inizia il suo pacato monologo, perché di questo si trattò visto che il gatto si era ben nascosto ormai chissà dove in casa, quindi pacatamente e con convinzione, come se stesse avendo a che fare con un bambino

dispettoso, comincia a parlargli, " vedi che io
sto andando via, e devo chiudere la porta, e se
chiudo la porta poi rimani chiuso dentro
tutto solo, esci dai forza, fuori c'è il sole, puoi
pulirti il pelo, acchiappare le mosche...daiii"

Io, che ero seduta in macchina lo vedevo
parlare, sapevo che a casa non c'era nessuno,
il suo cellulare era nel cruscotto, quindi gli
urlo, come da mia delicata indole,
chiedendogli con chi stesse parlando, lui mi
si avvicina, non sia mai gridare per farsi
sentire da me, e mi dice candidamente: "con
il gatto che non vuole uscire da casa".

Ecco questo è Peppe, mio marito, la calma in
persona.

Voglio solo stendermi sul tuo petto e ascoltare in silenzio il battito del tuo cuore

Un giorno, mio marito crede di non sentir bene da un orecchio, lo canzono dicendogli che "campana ca' un senti a prima vuci voli diri ca' u discursu nun ci piaci". (detto siciliano)

In sostanza e traduzione, si fa finta di non sentire ciò che non ci piace ascoltare.

Ma la cosa persiste e allora si và dal dottore, che gli prescrive delle gocce per poi passare ad una terapia più forte, ma nulla, lui sentiva come se dentro l'orecchio avesse avuto una cascata di acqua.

Quindi prendiamo in mano la situazione e cominciamo la nostra ricerca di un dottore all'altezza della situazione, ci avevano parlato di un professore luminare in otorinolaringoiatria a Milano, così prenotiamo una visita e con in mano una risonanza fatta in zona voliamo a Milano.

Il dottore dopo aver ben esaminato i test diagnostici, ci illustra, diciamo così, quale sia il problema all'orecchio di mio marito, un tumore al trigemino, è da lì che viene tutto il malessere.

Quale sia l'unica soluzione potete
immaginarlo, operare prima possibile.

Interdetti e attoniti come in un brutto sogno
torniamo a casa, cerchiamo di metabolizzare
la notizia, una notizia che ha poco da essere
metabolizzata, la devi affrontare e basta, così
ci prepariamo all'intervento che sarà
effettuato a Verona, perché era lì che il
professore esercitava da primario.

Mio marito parte una settimana prima per
effettuare tutti gli esami diagnostici che sono
necessari prima dell'operazione e anche per
trovare un alloggio per me mentre lui starà in
ospedale, perché, con tutta probabilità, non
sarà una cosa breve.

Nelle vicinanze dell'ospedale trova un appartamento in condivisione con un'altra signora, Immacolata, che ha la mamma ricoverata in quello stesso ospedale, ma a me non importa, starei anche nella sedia dell'ospedale purché vada tutto per il meglio.

Immacolata veniva dalla Sardegna, anche lei aveva bisogno di un alloggio per un periodo più lungo rispetto a quello che ti possono ospitare i b&b, e soprattutto a un costo minore, così abbiamo diviso, oltre alle spese di un bilocale, i pensieri, le preoccupazioni, le emozioni, i pianti, ma anche le parole di conforto, il sostegno reciproco e le risate, io c'ero per lei e lei c'era per me.

Ancora oggi ci sentiamo e appena si presenta un'occasione per vederci la cogliamo al volo.

Al mio arrivo, una settimana dopo, non tutti gli esami sono pronti per l'intervento e chiedo un colloquio con il medico per capire bene cosa stesse succedendo, mandano mio marito a fare un'ennesima TAC, ma è un loro pretesto per allontanarlo, e chiamano me.

Ricordo ancora quell'istante in cui varcai quella porta, mi trovai davanti tutta l'equipe medica e mi fecero accomodare, e in quel preciso momento in cui mi sedetti realizzai che c'era un problema di cui non ero ancora a conoscenza e doveva essere anche abbastanza grave, questo lo lessi negli occhi di ogni dottore che era in quella stanza, tutti mi sorridevano, ma quel sorriso... non era gioioso, era triste, di compassione, di rassegnazione e coraggio, ma io sono nata guerriera e quel tipo di sorrisi non li accetto.

Dagli ulteriori esami diagnostici fatti a mio marito, era emerso qualcosa nello stomaco, erano delle metastasi al pancreas.

Sento ancora la voce del dottore fare eco dentro di me come in un incubo e non capisci come tu ci sia finita dentro, avevo voglia di fuggire lontano e correre a farmi consolare dal mio papà, come quando ero piccola e picchiavo i miei compagni di classe,

ma mio papà era sempre dalla mia parte,
anche quando avevo torto.

Con tutto il tatto che può avere un dottore
mi illustrò crudelmente la situazione e le
eventuali vie di uscita, con annessi rischi.

E' così, i medici sono così, quando si tratta
della vita di una persona non creano nessun
tipo di illusione, devi sapere esattamente cosa
aspettarti anche nella peggiore delle ipotesi,
come si dice... pensa male che riesce bene, ma
è solo un detto popolare, qui c'era poco da
ipotizzare.

Loro consigliavano di ritornare a casa e vivere
quel che restava in tutta tranquillità, perché i

rischi di questo tipo di intervento potevano

essere enormi e devastanti, e lo erano

veramente.

Li guardai negli occhi ad uno ad uno, poi

dando voce alla guerriera che è in me, dissi

che io non mi sarei portata a casa mio marito

senza tentare una via di salvezza, qualsiasi

potesse essere stato il rischio, valeva tutta la

pena di tentare e se loro non avessero voluto

operare, avrei portato mio marito da un'altra

parte, purché potesse sfruttare quel briciolo

di speranza che avesse potuto avere.

Il professore, allora, si avvicinò e mi mise una

mano sulla spalla e mi sorrise, stavolta quel

sorriso era di speranza e consapevolezza allo

stesso tempo, mi disse che ero coraggiosa e
che dovevo sperare per il meglio, lui avrebbe
fatto il suo dovere in sala operatoria insieme
alla sua equipe, dovevo aver fiducia.

Mio marito, intanto, era all'oscuro di tutto,
sapeva che doveva togliere un piccolo tumore
all'orecchio, cosa non invasiva.

Le disgrazie, però è risaputo, non
camminano mai da sole, qualche giorno
dopo, non so come mai, gli incartamenti di
tutti gli esami diagnostici vanno a finire nelle
mani di mio marito.

Mi ritrovai sul terrazzo dell'ospedale con lui
che voleva farla finita.

Aveva tutte le ragioni del mondo per farlo,
ma io gliene diedi tre per rimanere e lottare, i
nostri figli.

Con tutto il coraggio che avevo, e che vi
assicuro non so dove io l'abbia preso,
cominciai a parlargli in modo diretto senza
sotterfugi, guardandolo dritto negli occhi,
mettendolo davanti sì al tumore e alle
metastasi, ma anche al fatto che c'era una
possibilità di salvezza nell'operazione e lui
non aveva il diritto di arrendersi, perché io e i
nostri figli credevamo in lui, avevamo
bisogno di lui, e se si fosse arreso, non
affrontando l'operazione, io non sarei stata al
suo fianco a sostenerlo, lui, un giorno non

lontano, avrebbe chiuso gli occhi ed io sarei rimasta sola, senza di lui a crescere i nostri figli, era questo che voleva???

Anche su una carrozzina, lo avrei portato a casa con me, gli dissi che questa era come una partita di calcio da giocare, e vincere, qualsiasi cosa succeda, noi siamo una famiglia, siamo come una squadra, insieme si arriva all'obiettivo, e insieme si può e si deve superare tutto.

Non sembrava convinto, ma non aveva scelta, non avevamo scelta.

Prima dell'intervento ci diedero due giorni di libertà, tipo i condannati a morte, in quei

giorni c'era il derby Milan - juventus, qui
faccio una premessa, io sono juventina e lui
milanista, questo a rafforzare le nostre
affinità di coppia, ma io in quella partita ho
tifato per il milan, ogni gol che mettevano a
segno, nella mia testa, era una vincita sul
tumore, era come una punizione per me e
una vittoria per mio marito.

Si inizia con gli interventi.

Il primo quello alla testa per rimuovere
quello dell'orecchio, mio marito entra in sala
operatoria alle 7,30 del mattino, lo abbraccio
dandogli tanto coraggio, sorrido e scherzo
con qualche battuta com'è mia indole più per
scacciare via la paura che per allegria,

ovviamente, la paura era davvero tanta, così da annebbiare le mie capacità di lucido pensiero, l'intervento finisce alle 21,30 in 14 ore in sala operatoria, la mia esistenza fu quasi annientata, i pensieri e i ricordi si rincorrevano tra loro, l'angoscia di non rivedere più i suoi occhi si trasformò in dolore fisico e ad ogni minuto trascorso la mia forza e il mio coraggio perdevano l'equilibrio, ero ad un soffio dal crollare.

-Avrò fatto la scelta giusta?

- Gli avrò detto, quanto io lo ami?

- Forse no,

- E quanto è importante per me?

- Che padre magnifico è?

Avrei dato l'anima al diavolo per averlo di nuovo accanto a me sorridente.

Le ore di attesa furono davvero devastanti, mi stavano accanto i miei fratelli e il telefono squillò in continuazione, lo avrei scaraventato fuori dalla finestra, ma tutte le persone che conoscevo e che erano a conoscenza della cosa, chiamavano per avere notizie e per dare conforto, non le potevo biasimare ma io volevo solo sparire dal mondo, avrei voluto rannicchiarmi in un angolino lontano da tutto e tutti, andare in letargo e svegliarmi in primavera, quando i raggi di un tiepido sole ti scalda le ossa, ti sorride e la natura si risveglia, ecco io volevo svegliarmi accanto a mio marito, con la testa appoggiata al suo petto e guardarsi a vicenda ridendo del brutto incubo avuto insieme.

Telefonavano in continuazione anche i nostri figli, ogni volta una maschera diversa la mia, ma non dovevo assolutamente trasmettere loro la mia ansia e la mia paura, l'angoscia che provavo e che mi stava divorando, questo per loro era fondamentale, tutto sarebbe tornato alla normalità dovevo crederci io e dovevo convincere tutti, soprattutto me stessa.

Io passai quelle ore dopo l'intervento sospesa su un sottilissimo filo di vita, com'è intuibile, ero sul chi va là ad ogni movimento dei dottori, scrutavo mio marito, che ovviamente non era certo una rosa, sembrava lo avessero tirato fuori da sotto le ruote di un autotreno, ma ero forte per entrambi e questo per il momento bastava.

Prendevo le energie dal conforto che mi dava chi ci voleva bene, dalle chiamate delle amiche che tra una battuta e un singhiozzo, mi davano coraggio, dai miei fratelli pronti a pilotare un aereo e portarci a casa se fosse stato necessario, i miei genitori che accudivano, in nostra assenza, i nostri figli, senza di loro non so come avremmo fatto.

E i nostri figli, loro ci davano tanta forza e coraggio, ognuno di loro, in base all'età, reagiva in maniera diversa alla situazione.

Francesco era il più grande e capiva di più la gravità della situazione, si sentiva addosso il peso di affrontare e sostenere ogni eventuale bisogno dei fratelli minori, ma nello stesso tempo non si sentiva all'altezza di sostituire quel padre che per lui rappresentava la perfezione, il suo punto di riferimento, sempre silenzioso e riflessivo, pacato, proprio come il papà.

Qualche tempo dopo a scuola in occasione di

un colloquio mi fecero leggere un elaborato di Francesco che parlava proprio di queste sue paure e ansie, era una cosa normale se avesse avuto almeno 18 anni, ma lui ne aveva appena 14, sentiva la necessità di crescere in fretta ed essere in grado di supportare la famiglia.

Gianpaolo si chiuse in un silenzio da osservatore, scrutava e valutava, nonostante fosse ancora alle elementari sembrava più grande, parlava quando era necessario e soprattutto ci guardava negli occhi per capire la situazione del momento, non gli si poteva allora, e non gli si può nemmeno adesso, nascondere nulla.

Matteo era ancora alla materna, ed essendo molto attaccato a me, sempre mi chiedeva quando fossi tornata a casa, come ad aggrapparsi a qualcosa di certo, non che il padre non lo fosse, ma i bambini percepiscono molto da quello che vedono, e sicuramente un letto di ospedale e la faccia cadaverica del papà non erano la certezza che cercava, lui voleva la sua famiglia di prima, la normalità, tutti volevamo la normalità, lottavamo per essa con tutto noi stessi ogni istante.

Insomma tra un ospedale e l'altro, un intervento e una terapia, una puntura e una cura sperimentale son passati 15 anni e a quella normalità agognata te ne costruisci una sulla tua pelle, come il carapace delle tartarughe, resistente alle intemperie della vita.

I ragazzi crescono, camminano, cadono ma si rialzano, loro si rialzano sempre, perché quando hai alle spalle la guerra, una battaglia è solo l'infinitesima parte di essa.

"Quando tutti siamo insieme è sempre Natale"

Passano gli anni,Natali e feste piene di gioia e
normalità, organizzate come sempre a casa
dei miei genitori, tanto il mio grande papà
pensava a tutto, dalla spesa, alle ricette da
realizzare per stupire e ingolosire figli e
nipoti, a volte indossava il grembiule e si
metteva dietro ai fornelli, da buon pescatore
che era stato, sapeva cucinare magistralmente
il pesce esaltandone il gusto e il sapore.
Impegnatissimo tra la chiesa del rione, di cui
ne era il custode, l'officina dei miei fratelli in
cui dava una mano, e la casa al quarto piano,
dove abitava, dall'alto dei suoi anni, saliva e
scendeva come fosse un ragazzino, questo
teneva allenato lui e lontano noi dal pensiero

della sua età che avanzava.

Un giorno però si ammala, e la mia colonna portante, il mio punto di riferimento, mi lascia per sempre, non ti rendi conto di quanto sia importante una persona fin quando non realizzi che potrebbe non essere più silenziosamente e possentemente al tuo fianco, un figlio pensa che i genitori ci saranno sempre per sempre, che non si possano ammalare mai e che accudiscono te e la tua prole "for ever".

Ma purtroppo, anche se infiliamo la testa sotto la sabbia, come lo struzzo, lo sappiamo che quel per sempre non è di questo mondo, del il mio papà resteranno scolpite nel mio cuore e nella mia mente le sue parole di conforto quando ne avevo più bisogno e la frase che mi diceva sempre, "ogni giorno può essere natale se siamo tutti insieme".

Solo quando si diventa genitori si comprende cos'è realmente la paura.

I figli sono il nostro futuro e il loro benessere (non parlo solo di quello economico) è l'obiettivo principale di noi genitori.

Dicembre 2019, si respira atmosfera di festa in città, tappeti rossi, musiche natalizie nell'aria del centro storico, le vetrine sono addobbate e decorate, una dolce melodia natalizia fa ballare le lucine colorate, idee e oggetti da regalare riempiono gli scaffali dei negozi, un inebriante profumo di zucchero filato e cannella riempie l'aria e i polmoni, sarà marketing, sarà quello che volete, ma il natale è un periodo che definisco magico, unico, pieno di amore, accoglienza e felicità, inspiegabilmente tutti sono più buoni e sorridenti, si scambiano auguri e felicità fino alla fine dell'anno per poi sperare in un nuovo migliore inizio.

In casa mia il caos di decorazioni e luci per montare e addobbare l'enorme l'albero di natale, quest'anno saremo di più a festeggiare, i miei pargoli sono cresciuti e hanno conosciuto delle splendide ragazze, anche Matteo, il più piccolo, si frequenta con una coetanea e questa sera, oggi ne abbiamo 11, non cena a casa, mi ha detto che cenerà a casa della sua ragazza.

Per la verità avrei preferito restasse a casa,

non mi piace che per addobbare l'albero lui
arrivi in ritardo, sono rituali a cui tengo che
la famiglia sia riunita, ma non mi sono
sentita di vietargli di uscire, si frequentano
da poco e si sa che in queste circostanze, il
tempo passato insieme non è mai abbastanza,
gli ho raccomandando di fare attenzione, gli
ho soffiato un bacio al volo ed è andato via,
"*Ciao, mà*" urla già fuori dalla porta.

Finito di cenare, sto riempiendo la
lavastoviglie, così che ci possiamo dedicare ad
addobbare l'albero, che giaceva a terra in
salotto, la tv trasmette un programma trash
che nessuno ascolta, squilla il mio cellulare,
ho le mani bagnate, mio marito guarda lo

schermo del telefono e mi dice, "è la
fidanzata di Matteo".

Penso che mi stia chiamando per chiedere il
permesso di far rimanere Matteo anche per il
dopo cena a casa loro, infastidita dico a mio
marito di rispondere lui, e dirle che Matteo
non può rimanere oltre, invece stranamente
la voce al telefono era quella della zia, mio
marito dopo il primo pronto, mi appare
improvvisamente più pallido del solito, lo
guardo, la sua espressione e il suo sguardo
cambiano, diventa cupo, lo vedo annuire e
chiedere con ansia

"ma dove"

"com'è successo"

"ma come stanno",

poi taglia con "arriviamo subito".

Il tempo si ferma e l'incubo peggiore di una mamma inizia.

Il piatto che avevo in mano mi scivola e cade nell'acqua del lavello, facendo un rumore assurdo, sembra sia andato giù a rallenty, e mentre cade tutto si ferma, il mio respiro si ferma, il mio cuore si ferma, quel rumore spezza l'incantesimo del silenzio, rompe l'equilibrio della mia anima, con le mani ancora bagnate, scuoto mio marito che sembra caduto in un letargo comatoso, lontano anni luce da me, è scosso, ma sotto i

miei strattoni riprende la sua naturale

lucidità e mi dice che i ragazzi hanno avuto

un incidente e li stanno portando al pronto

soccorso, dobbiamo andare lì, così

anticipiamo i tempi dell'ambulanza.

L'incidente

A diciannove anni la vita ti appartiene, senti

la sua vibrante vivacità scorrere nelle vene,

puoi guidarla pacatamente nelle giornate

dove sei in cerca di un futuro solido e

tranquillo, ma che ancora senti lontano,

oppure godere della sua esuberanza e lasciarla

libera di scatenarsi nelle giornate dove sei in

cerca del divertimento, in quei momenti

pieni di incontenibile felicità dettata

dall'amore per ciò che ti piace, possa essere

una ragazza o una moto o un complimento

inaspettato, ti senti il padrone di quella vita

che ti è stata donata e che ami, la puoi

programmare o viverla intensamente

momento per momento, dipende da te, solo

da te.

Invece quella vita può avere un risvolto diverso, inaspettato e non programmato, tragico e irreparabile, può sfuggire al tuo controllo e dettare le sue regole che possono essere anche amare da digerire.

I genitori della ragazza di Matteo dopo una giornata passata fuori tutti insieme, lo hanno invitato a rimanere con loro per una cena all'insegna di panini con la milza.

"u pani cà meusa o focaccia d'Ammaculata"

Sono tipici in questo periodo in Sicilia legato alla festa dell'Immacolata Concezione, morbidi panini con dentro la milza fritta nella "sugna" (strutto) e annaffiata poi di limone oppure con l'aggiunta di ricotta di pecora e scaglie di pecorino, completa l'opera il pepe e la "focaccia" è bella che pronta da gustare intensamente e farsi trasportare dalle emozioni che le papille gustative inviano al cervello.

La ragazza di Matteo, ha 16 anni e ha voglia di divertirsi, e prendere tutto ciò che può dare la vita, perché la vita, va vissuta al massimo prendendo il massimo da ogni cosa.

Matteo la proteggeva e la compiaceva in tutto, era innamorato e quando era con lei gli occhi gli brillavano.

Dopo cena, un giro in scooter nel quartiere per fare due chiacchiere con gli amici e organizzarsi per le sere avanti, discoteca, aperitivi o giocate a carte, non importa cosa, non importa dove, importa chi e come divertirsi.

Mette lo scooter sul cavalletto e si siedono sopra ad attendere che gli amici arrivassero nel loro solito posto di ritrovo.

Poi farà un salto in sella per riaccompagnare la ragazza a casa, anche se abita non lontano da lì, e poi di corsa a casa, l'albero aspetta il tocco di ogni componente della famiglia, altrimenti che natale è.

In lontananza due fari sembrano ballare, si resta fermi seduti a cercare di capire cosa sta succedendo, ma d'un tratto quei fari sembrano vicinissimi e in una traiettoria che non è la strada, l'auto comincia a sbandare, Matteo si rende conto del pericolo e ordina alla sua ragazza, nel tentativo di proteggerla, di buttarsi a terra lontano per evitare l'impatto con l'auto impazzita, lei perde troppo tempo, Matteo le fa da scudo.

L'autista, un minorenne, si è scoperto poi, oltre a non avere la patente, essere anche sotto effetto di sostanze stupefacenti, aveva rubato le chiavi dell'auto in casa, ed era partito per una folle corsa nelle strade di una

periferia sonnecchiante ma popolata, in una
gara stile rally.

È stato un attimo.

La macchina prende in pieno Matteo con la
fiancata e aggancia lo scooter facendo volare i
ragazzi, lei scivola sul selciato riporta uno
strappo sulla gamba, se la caverà con
quaranta punti di sutura, Matteo, invece,
viene sbattuto un po' di volte trascinato dal
testacoda della macchina, essendo rimasto
agganciato allo scooter da qualcosa che lo
tratteneva.

Testacoda innescato dal passeggero accanto
al guidatore che azionò il freno a mano, nella

speranza di bloccare l'auto impazzita sotto la guida di un folle incosciente.

La dinamica esatta è ancora in fase di indagini, ma di fatto Matteo nel suo essere trasportato, ha sbattuto anche su un cancello di un'abitazione dove vi era un bouganville, dopo mesi un fuscello di questa pianta gli fù ritrovato in un occhio, per poi finire schiacciato tra la macchina e un muro.

Il conducente, si dette alla fuga a piedi, nascondendosi nella propria abitazione nelle vicinanze.

L'allarme è scattato immediatamente dagli abitanti del posto, attirati dal trambusto.

Prima i soccorsi, poi noi.

Ed ecco che la vita prende un'altra strada

Momenti concitati, ci fiondiamo in macchina.

Non saprei dire come siamo arrivati al pronto soccorso, quel tempo infinito per percorrere 6 km mi ha lentamente divorato, mille pensieri hanno aggredito e soggiogato la mia mente, dal più banale come:

"I vestiti e il giubbotto che indossa Matteo si saranno rovinati, erano nuovi"

"Mannaggia il giubbotto era quello di mio marito, speriamo non si sia sporcato"

Al più tetro

"Perché non mi ha telefonato Matteo?"

"Se non mi ha parlato lui, allora è troppo grave o è morto"

Finalmente l'arrivo al pronto soccorso mette fine a quel tormento, meno male perché mi sembrava di impazzire, non era arrivata, ancora, nemmeno l'ambulanza.

Arriva dopo qualche minuto, mi precipitò, c'era la ragazza dentro aveva la gamba insanguinata ma era vigile, sconvolta ma cosciente e Matteo non era con lei.

Dov'è Matteo???

Sulla seconda ambulanza, mi viene detto, la

sento già avvicinarsi a sirene spiegate, si

spalancano le porte, mi precipitò, qualcuno

cerca di trattenermi, mi allontanano, chiamo,

ma in effetti urlo disperatamente il nome di

Matteo, guardo nella barella, nessuno mi

risponde, momenti terrificanti di urgenza

medica, tra la corsa generale di portantini,

infermieri e dottori, anche noi corriamo

verso l'unità operativa, era Matteo sulla

barella ed era coperto di sangue, quasi dalla

testa ai piedi gli mancava una scarpa,

qualcuno gli gridava di sputare, aveva in

bocca i denti che aveva perso nell'impatto,

altri gli stavano tagliando i vestiti per avere

libero accesso al corpo,

"Quella persona non è il mio Matteo, non può essere lui"

Mi accascio a terra semisvenuta.

L'immagine di mio figlio sulla barella e che non lascerà mai la mia mente è raccapricciante, un ammasso di carne mista a sangue e brandelli di vestiti, una gamba dalla posizione improbabile, non riconoscevo il mio Matteo, come è potuto succedere, chi e che cosa ha distrutto la sua vita e la nostra, per sempre?

Portano Matteo dentro e chiudono la porta, mi rivolgo a Gianpaolo che è accanto a me, "dov'è Matteo" lui mi dice che l'hanno portato via dentro il pronto soccorso, e io lo accuso "e tu glielo hai permesso??? Perché??"

Lui sconsolato, con le lacrime agli occhi mi abbraccia forte "mamma, ma che stai dicendo? Non ti preoccupare ora ci pensano i dottori"

dopo un po 'arrivano anche le forze dell'ordine che chiedono di vedere la salma, li guardiamo sbigottiti, "la salma??? Ma mio figlio non è morto"

In quel preciso istante mi sento morire più di quanto già non lo fossi, quel maledetto incidente era stato davvero così grave che gli

altri pensavano che Matteo fosse già morto,
ma era davvero vivo???

Ho sperato che fosse tutto un brutto sogno,
ma stavo vivendo l'incubo peggiore di una
mamma, sperare per la vita del figlio.

Erano le 23.00, alle 4.00 del mattino esce un
dottore chiede dei genitori, ci facciamo
spazio tra la moltitudine di persone amiche,
conoscenti, gente che non avevo mai visto,
ragazzini accompagnati da genitori, tutti
accorsi in segno di sostegno, preoccupazione
per la sorte di quel ragazzo che conoscono e
che è così educato, gentile, allegro, io e mio
marito siamo scossi da un tremito, pieni di
paura angosciati, ci dicono che hanno fatto

del loro meglio, hanno operato per arginare l'emorragia, la rottura del femore, la milza e la mascella, ma la prognosi è riservata, si spera che possa passare le 48 ore.

La mattina dopo altra brutta notizia, devono operare d'urgenza perché un rene ha ceduto, ma questa volta lo devono portare a Palermo, e vogliono che firmiamo per la responsabilità del trasporto, perché l'elisoccorso non può trasportarlo per via dei polmoni compromessi, quindi l'unica soluzione è l'ambulanza ma potrebbe non farcela.

Dovevamo tentare e sperare, in effetti Matteo è arrivato all'ospedale di Palermo in condizioni tali che ci hanno allargato le braccia, come a dire, faremo l'impossibile.

L'operazione è andata bene ma non si sveglia, è in coma.

Passano i giorni in "attesa".

Attesa...

Attesa...

Ma cosa aspettiamo??

Tante persone incontro, ognuna porta il proprio dolore, è un reparto di rianimazione, si può immaginare cosa si aspetta, tutti aspettiamo il miracolo, il miracolo della vita che continua, il miracolo di uscire dal coma, ci si stringe tra parenti e conoscenti, ma

anche tra sconosciuti capitati lì per caso,
come lo sono io in effetti, capitata lì per caso,
il caso o il destino, chissà.

Mi consigliano di comprare una campanella,
perché dicono che una persona in coma la
sente, e prova a tornare da noi, mi incitano a
chiamarlo, parlargli, raccontargli delle cose...
per stimolarlo a svegliarsi.

Ogni giorno, arrivo al reparto negli orari
consentiti, mi vestono per entrare
nell'ambiente sterile e parlo, suono la
campanella, rido, chiacchiero, gli racconto
cosa hanno scritto amici e conoscenti di lui e
per lui su Facebook, di come si sono
conosciuti e da quanto tempo, gente che lo

ha visto nascere, crescere, accompagnare nei

compiti scolastici, tutti attendono con ansia

il suo ritorno, promettono che faranno

insieme grandi cose, soprattutto esserci

sempre, ma il mio Matteo non c'è, non

risponde, a volte non voglio andarci mi sento

stupida tra gli stupidi che parlano con chi

non c'è, sono arrabbiata, stanca, stremata, la

voglia di mollare è grande, me la prendo

persino con mio padre morto, perché non mi

aiuta? Perché non ha aiutato Matteo? Adesso

in queste condizioni se lo può tenere il nipote

io così non lo voglio, discussioni anche con

mio marito, "ma ti rendi conto di quello che

dici? Quello è tuo figlio"

"No, quello non è il mio Matteo"

Più volte mi accascio a terra con un forte senso di vuoto, mi gira la testa, mi soccorrono e mi affiancano un aiuto psicologico.

Negli orari di visite, che sono poche maledette e brevi, arriva una marea di gente per Matteo, e mi viene da piangere, quanta gente lo conosce, gli vuole bene e vuole vederlo, altri sono lì per me, perché sanno che anche la roccia va protetta e incoraggiata ad essere ancora più forte, questa tempesta è terribile, devastante.

E' vero, ho passato momenti terribili quando

ho saputo della malattia di mio marito e
doveva essere operato, ma mai ho vacillato
sulla mia volontà di portarlo a casa in
qualsiasi condizione, anche su una
carrozzina, ma adesso no, per Matteo no, non
saprei dire il perchè, forse perchè nei nostri
figli riponiamo le speranze dei nostri sogni, i
sogni che avremmo potuto realizzare o solo
quelli che speriamo loro possano realizzare,
perché un genitore vuole prima di tutto che
il proprio figlio stia bene e felicemente
realizzato in ciò che il suo cuore desidera.

Passano i giorni, i dottori ci informano che
c'è un edema al cervello, devono svegliarlo,
dobbiamo essere pronti a tutto, potrebbe

non riuscire a respirare in autonomia,
potrebbe non riconoscere i familiari,
potrebbe...

Lo svegliano una mattina più avanti, a nostra
insaputa, tanto noi eravamo perennemente
in ospedale, arrivo e inizio la solita trafila del
vestimento, vedo un parente di un paziente
del letto vicino a Matteo, che mi incita a
sbrigarmi perché qualcuno mi sta cercando,
"chi mi cerca? Cosa vuole ancora" pensando
fosse il dottore con un'altra pessima notizia,
invece era Matteo.

L'equipe era attorno a lui che lo chiamava,
apre gli occhi e i dottori gli indicano me e gli
chiedono se mi riconosce, lui risponde

*"è **mamma**",* e poi *"**mamma scusami**"*

Il Matteo ribelle, discolo e insofferente alle regole è tornato da me, è lui, che per farsi perdonare mi chiede scusa, come sempre, dopo ogni marachella.

Piango, rido, parlo ma non so, non ricordo cosa ho detto o fatto, Matteo era lì con me e questo mi bastava in quel momento.

Lo portano in un altro reparto, comincia la trafila delle operazioni, siamo comunque a natale e tutti i miei parenti arrivano con pietanze succulente per festeggiare insieme, onorando quello che mio padre diceva sempre, "se stiamo tutti insieme ogni giorno

è natale" lui non c'era più, ma il mio Matteo
si.

Quel Matteo che, racconto suo, sentiva il
suono della mia campanella, che durante il
suo letargo ha visto il nonno in un giardino
pieno di luce, dove la gioia avvolgeva ogni
fibra del tuo essere, essere fatto di essenza e
non di materia, racconta che il nonno
sorpreso di vederlo gli ha detto che non
poteva star lì con lui, che capiva e sentiva
tutta la sua stanchezza e la voglia di mollare,
ma doveva tornare dalla sua mamma, perché
lei ha un disperato bisogno di lui.

Matteo

Istituto aeronautico A. Locatelli Bergamo
"Concorso di poesia" Poeticamente
Un sentimento sconfinato quello che può
trasmetterti..

Come il vento trasparente, ma impetuoso

Un amore che lascia senza fiato, che contrasta qualsiasi male.

Tutto ciò è meraviglia, tra sorrisi e dispiaceri, ma non cambia l'etica anche se si è lontani mille miglia.

Questa è pur sempre una famiglia.

Può cambiare la musica, diversi i colori, bisogna però saper contrastare i malumori.

I doni più belli

possiedono il tuo stesso sangue.

Un'emozione che viene compresa tra varie lingue.

Si sta bene tra serenità e pace che qualsiasi suono di malinconia tace.

Matteo il più piccolo della famiglia, cerca di

farsi strada e imporsi al carattere forte della

mamma, ha preso tanto da me, il carattere
brioso e scanzonato, la testardaggine, il voler
a tutti i costi essere l'anima di un gruppo, il
confidente, punto di riferimento di tanti
amici.

Alle elementari era la mia spia personale
infiltrata a scuola, veniva a raccontare a casa
tutto quello che succedeva in classe e fuori
dalla classe, riusciva a carpire i pettegolezzi
di tutto l'istituto persino di diatribe familiari
del personale docente e non, un portento,
come faceva rimane tuttora un mistero,
diciamo che è più una dote innata.

Dopo un'indecisione iniziale, per la scarsa
offerta formativa della città in cui viviamo,

Matteo decide di iscriversi al liceo dell'aeronautica a Bergamo. Matteo frequentava con profitto, tanto che una sua poesia, al secondo anno, venne pubblicata in un libro di poesie.

Successivamente, a seguito di un concorso interno, passa alla sede scolastica di Catania, per essere più vicino alla famiglia e agli amici, le compagnie aeree reclutano i ragazzi da scuole come questa per formare i propri allievi, un sogno, il sogno di Matteo, pilotare un aereo, e poi...

E poi, l'incidente e la chiamata per comunicare l'espulsione del cadetto Bonfiglio Matteo dalla scuola.

Un duro colpo per Matteo, difficile da accettare, non potrà mai diventare un pilota di aerei, ma dovrà lottare per pilotare la sua vita verso orizzonti sereni e felici.

Due anni dopo l'incidente, durante una visita clinica a Peschiera del Garda, incontra un cadetto suo compagno di classe, è in divisa della compagnia aerea Ryanair, Matteo lo chiama, ma lui non lo riconosce subito e poi chiede che cosa gli sia successo, non era a conoscenza dei fatti successi in questi anni, era addolorato soprattutto perché capiva il dolore che Matteo provava ad aver rinunciato per sempre al suo sogno di volare.

Il tempo passa, si succedono nel tempo mille

altri piccoli e grandi interventi.

La mia famiglia subisce un grave lutto, mia cognata, la giovane moglie di mio fratello muore per un tumore al cervello, dolore straziante per lui, i figli e per tutti noi, perché quando una famiglia è unita il dolore si propaga a macchia d'olio, senza contare l'effetto devastante che ha avuto sul benessere psicofisico di mio marito.

Non è facile accettare il percorso nefasto di questa malattia per tutti, ma in particolar modo per chi ci combatte da tanto tempo, e non sa mai cosa è scritto nella pagina del giorno successivo della propria vita.

La vita continua arrancando, strisciando o zoppicando, ma la forza, la tenacia e il coraggio che pian piano hanno forgiato il mio carattere, mi permettono di guardare avanti, oltre ogni ragionevole incertezza trasformandola in forte volontà, di normalità e felicità.

La mia vita è stata molto travagliata, e ancora non è finita, ma ogni singolo evento, brutto o bello che sia stato, mi ha portato a conoscere persone fantastiche, ognuno con la sua croce più o meno pesante, ma che insieme diventa, se non più leggera, almeno più sopportabile.

La mia gratitudine va a queste persone,

incontrate per caso lungo la mia strada per la vita, e divenute colonne portanti della mia forza, sempre motivanti del mio coraggio.

Ne voglio citare alcune, non che altre siano meno importanti, ma semplicemente perché sono davvero tante e tutte nel loro piccolo sono state grandi.

Una di queste è Ketty, autrice di questo libro, presente nella mia vita dal 2000, cioè da quando Francesco, il più grande, ha iniziato la prima elementare, con suo figlio frequentavano la stessa classe.

Si presenta a casa mia un pomeriggio di settembre con un ciambellone in una mano e il figlio nell'altra, che per dire la verità mi sembrava alquanto scocciato, mi disse che abitano nella stessa nostra via e che i nostri figli sono in classe insieme, la osservo un attimo, indecisa sul da farsi, ma non c'era scelta, dovevo farla entrare.

Li per lì ho pensato, ma veramente esistono persone così, che ti piombano in casa senza conoscerti? E poi, perché proprio io? Ah si! siamo vicini di casa!!

Da quel giorno non mi ha più mollato, i nostri figli sono cresciuti insieme, hanno studiato insieme sotto la sua supervisione e aiuto, uscivamo insieme, con e senza bambini, e poi riunioni, caffè, dolci, palestra, camminate, risate, lacrime, abbracci, di tutto di più.

Ed è lei che devo ringraziare se adesso sono capace di guidare una macchina, è successo dopo il primo intervento di mio marito.

Lei capì che la situazione richiedeva una soluzione, la più immediata e anche la più ovvia, perché anche se lei era sempre presente, un pulmino le mancava per mettere dentro i miei figli e i suoi per le nostre commissioni, quindi dovevo essere libera, e non elemosinare la buona volontà di qualcuno per accompagnare i miei figli, come per andare a comprare lo zucchero o qualsiasi altra esigenza, così chiavi in mano iniziai le mie guide pratiche con lei, vi dovessi raccontare quello che succedeva dentro quella macchina, ci sarebbe veramente da sbellicarsi dalle risate, fù incisiva, irremovibile e a volte anche un po' stronza, le strade più in salita, i parcheggi più difficili, le inversioni di marcia più strette, e le retromarcia più strane, le ho fatte io con lei in quei giorni, ma adesso sono fiera di essere al volante di un'auto.

Il personale dell'ospedale, oss, infermieri, ragazze del bar, di ogni struttura sanitaria che frequentavamo, ognuno di loro mi ha trasmesso qualcosa, la tenacia, il coraggio, la forza, la caparbietà di pensiero positivo.

Molti "amici" si sono persi durante il percorso riabilitativo di Matteo, altri, pochi, si sono aggiunti, capisco il loro comportamento, Matteo non è, e non sarà mai più la persona che era prima, oltre ai malesseri fisici e ancora molti interventi da affrontare, è soggetto a sbalzi d'umore frequenti, che non tutti possono capire e avere la voglia di rimanere accanto a lui e come dice un vecchio detto, la cattiva sorte ci mostra chi non sono i veri amici.

Tutte le belle parole e le promesse fatte intorno a un letto di ospedale, si sono perse nel vuoto di una vita che non può essere vissuta in quel modo distratto e irriverente, ma chiede di essere vissuta in maniera consapevole e forte delle proprie capacità e forze, quella vita non è per tutti ma solo per chi ha tenacia, empatia e amore per il prossimo.

Anche la ex ragazza, ha deciso di prendere una strada lontano da Matteo, quel Matteo che avrebbe dato la vita per lei, come d'altronde ha dimostrato nell'incidente, ma in fondo io lo sospettavo, mi dispiace per Matteo che in un momento in cui era più bisognoso di certezze, ha dovuto fare i conti con le delusioni di rapporti effimeri e superficiali e non profondi ed intensi come lui desidera e spera.

La famiglia sono i punti fermi e di forza di Matteo.

E poi invece tantissime persone che con il loro affetto, la loro presenza anche quando logisticamente impossibile, c'erano, c'erano i miei fratelli che per ogni ricorrenza, in qualsiasi ospedale, inscenavano una festa a sorpresa con tanto di torta e candeline, c'erano altri amici che anche solo con un messaggio hanno confortato e dato forza a me, che di forza ne ho ancora bisogno tanta perché come si può facilmente intuire, ancora la strada da percorrere è lunga, e prego Dio che questo percorso sia in discesa, e che ci dia la serenità che può dare una vita

normale, di una famiglia normale e unita
nell'amore.

La vita adesso Matteo la beve a piccoli sorsi,
la morde a piccoli passi e và verso la
conquista di grandi obiettivi e lei, la vita, ci
sorriderà, ne sono certa, perché non può
piovere per sempre, e quando hai dato e
continui a dare tanto amore, l'arcobaleno
arriva, basta avere gli occhi giusti per vederlo
e imparare a viverci dentro.

C'è un tempo per tutto, un tempo per ridere,

un tempo per piangere, uno per sognare, ma

per l'amore no.

L'AMORE È IL TEMPO ❤

Printed in Great Britain
by Amazon

33182794R00066